Peldaños

EDIFICIO EMPIRE STATE

MARAVILLAS ESTADOUNIDENSES

LA OCTAVA MARAVILLA DEL MUNDO

por Hugh Westrup

Imagina que estás de pie sobre una viga de acero angosta sobre la ciudad de Nueva York. Tienes en tus manos una remachadora, una herramienta que se usa en la construcción. Una viga grande se balancea por el aire sobre ti mientras te agachas. No tienes casco para protegerte la cabeza. No hay cuerdas de seguridad que eviten que caigas. Hay más de mil pies hasta la calle.

Los trabajadores ya habían hecho trabajos peligrosos antes del año 1930, pero este trabajo era especialmente riesgoso. Estaban construyendo el **rascacielos** más alto del mundo en esa época. Un rascacielos es un edificio que es tan alto, que parece que "rasca" el cielo.

Dos neoyorquinos soñaban con construir este **hito**. Al Smith era el gobernador del estado de Nueva York. John Jakob Raskob era un rico hombre de negocios. En un breve período, estos dos hombres pudieron planificar, recaudar el dinero y comenzar la construcción de un edificio gigante. Lo construyeron en la esquina de la Quinta Avenida y la calle Treinta y cuatro, en el centro de Nueva York.

UN RASCACIELOS ES TAN ALTO, QUE PARECE QUE "RASCA" EL CIELO.

La gente llamaba al edificio Empire State la "octava maravilla del mundo". ¿Por qué? Era más alto que cualquier estructura hecha por el hombre.

UNA HAZAÑA OSADA

La década de 1920 fue una época de crecimiento en los Estados Unidos. En Nueva York se construían edificios cada vez más altos. En el año 1930, el rascacielos más alto era el edificio Chrysler, que pertenecía a la compañía de automóviles Chrysler. Pero no iba a ser el rascacielos más alto por mucho tiempo.

John Jakob Raskob había sido uno de los jefes de General Motors, uno de los rivales de Chrysler. Raskob no quería que Chrysler lo superara. Quería que su rascacielos fuera aún más alto que el edificio Chrysler. Lo llamaría edificio Empire State. Eligió ese nombre porque uno de los sobrenombres de Nueva York es Empire State (el estado-imperio). El sobrenombre conmemora la importancia del estado en los Estados Unidos y en todo el mundo.

Raskob y Smith se movilizaron rápidamente, y eso fue algo bueno. Cuando el proyecto comenzó en el año 1930, la economía estaba desplomándose. Los negocios cerraban y los bancos caían en bancarrota. Millones de estadounidenses perdieron su trabajo y sus ahorros. Era una época difícil en todo el país. Esto fue el comienzo de la **Gran Depresión**.

Pero la construcción del edificio Empire State continuó. Era un proyecto arriesgado para sus 3,400 trabajadores de la construcción. Muchos de ellos trabajarían a una altura que jamás habían trabajado. Necesitaban coraje y nervios de acero. Con frecuencia, no había equipos de seguridad que los protegieran. Pero el proyecto les ofrecía un sueldo en momentos económicos difíciles.

> Este valiente e inmutable trabajador saluda a la cámara a una gran altura sobre la ciudad.

Esta es una vista del edificio Empire State durante la construcción. Puedes ver la estructura de acero en la parte superior. Se necesitaron aproximadamente 57,000 toneladas de acero para construir la estructura.

EL MEJOR ESPECTÁCULO DE LA CIUDAD

Multitudes de gente se reunían todos los días para observar cómo se elevaba el edificio Empire State. Las estrellas del espectáculo eran los trabajadores que armaban el esqueleto de acero del edificio. Tenían cargos como remachador, conector y personal de tierra. Cada uno hacía un trabajo diferente. Estos trabajadores no solo eran valientes y laboriosos, también tenían destrezas importantes.

PERSONAL DE TIERRA Un trabajador del personal de tierra usaba un martillo neumático para romper la roca en la obra. Después de que los trabajadores de tierra quitaban toda la roca, construían los cimientos, o base de la estructura.

CONECTOR Un conector trepaba por las columnas. Tomaba barras de acero pesadas que se balanceaban en las grúas. Empujaba las vigas para ponerlas en su lugar. Eso las dejaba listas para los remachadores.

REMACHADORES

Un remache es un perno que se usa para conectar dos vigas de acero. Un remachador usaba tenazas de metal para lanzarle un remache ardiente al receptor. El receptor luego atrapaba el remache caliente en una lata. El receptor ponía el remache en un agujero en la viga. Luego, otro trabajador usaba una ruidosa remachadora para fusionarlo con el acero. Fusionar el remache aseguraba la viga en su lugar junto a otra viga.

CAMINAR EN EL CIELO

No muchos tienen lo que se necesita para caminar por vigas a cientos de pies en el aire todos los días. Esta destreza se llama *caminar en el cielo*. Muchos caminantes del cielo son nativo-americanos que pertenecen a la tribu mohawk. Los mohawk han ayudado a construir algunos de los rascacielos más altos de los Estados Unidos, incluido el edificio Empire State. También han disfrutado del almuerzo en las alturas, como se muestra en la foto de abajo.

Los mohawk comenzaron a caminar en el cielo a mediados de la década de 1880, cuando algunos ayudaron a construir un puente en Canadá. Su trabajo era descargar suministros. Pero los hombres mohawk comenzaron a escalar el puente para ver qué hacían los otros trabajadores. Los administradores observaron que los trabajadores mohawk se equilibraban bien sobre el puente y tenían poco miedo a las alturas. Pronto, los administradores los contrataron para que trabajaran a gran altura. Muchos mohawk siguen haciendo este trabajo en la actualidad.

PARA REMATAR

El edificio Empire State originalmente iba a medir 1,050 pies de alto, lo que sería dos pies más alto que el edificio Chrysler. Entonces, Al Smith tuvo la idea de agregar una torre de 200 pies. Los visitantes podían aventurarse a la cima de la torre.

Tener una mejor vista no era el propósito principal de la torre. Smith esperaba que la torre fuera una estación de amarre. En la década de 1920, se pensaba que la aeronave del futuro sería el dirigible. Un dirigible es una aeronave grande a hélice. Tiene una cámara grande que se llena con gases que son más livianos que el aire que rodea al dirigible. Esto hace que la aeronave se eleve, como un globo lleno de helio. Muchos creían que los dirigibles serían más populares que los aviones.

Smith quería que la torre del edificio Empire State estuviera diseñada para que un dirigible pudiera conectarse a ella. Un dirigible se "estacionaría" en la cima de la torre. Los pasajeros descenderían por una escalera hasta la plataforma de observación y tomarían el ascensor para descender hasta la planta baja.

DIRIGIBLE

El plan de Smith nunca funcionó. Los vientos en la cima del edificio son demasiado fuertes para que aterrice un dirigible. Soplan en varias direcciones a la vez, por lo tanto, un dirigible conectado a la torre rebotaría como un globo de juguete. Al final eso no importó, ya que el dirigible nunca se popularizó como medio de transporte.

> Esta ilustración muestra el aspecto posible de un dirigible que se aproxima a la estación de amarre del edificio Empire State.

Los trabajadores "coronan" el gran rascacielos con una torre que mide 200 pies de alto.

ILUMINAR EL CIELO

El edificio Empire State se inauguró el 1 de mayo de 1931. Dos de los nietos de Al Smith cortaron la cinta inaugural. Esta es una manera en la que muchos celebran la inauguración de un edificio o negocio nuevo. Minutos más tarde, el presidente Herbert Hoover presionó un botón en la Casa Blanca, a 225 millas de allí, para encender las luces del edificio Empire State.

Un periódico lo llamó "La casa que construyó Smith", y se estaba convirtiendo rápidamente en la atracción turística más popular de Nueva York. Un total de 775,000 visitantes subieron hasta las plataformas de observación en ascensor el primer año. Todos los estadounidenses lo admiraban con orgullo, pero los neoyorquinos, en especial, estaban orgullosos. Habían construido el edificio más alto en tiempo récord, incluso durante momentos difíciles. Más tarde, ese mismo año, el diseñador del edificio Empire State, William F. Lamb, recibió una medalla de oro por su hermoso diseño.

En la actualidad, hay al menos 20 rascacielos más altos que el edificio Empire State, pero sigue siendo tan popular como siempre. Unos cuatro millones de personas lo visitan cada año.

1,250 pies			
1,000 pies			
750 pies			
500 pies			
250 pies			

GRAN PIRÁMIDE	TORRE EIFFEL	EDIFICIO EMPIRE STATE	BURJKHALIFA
Giza,	París,	Nueva York,	Dubai,
Egipto	Francia	Estados Unidos	Emiratos Árabes Unidos
alrededor del año 2550 a. C.	1889	1931	2010
481 pies	984 pies	1,250 pies	2,717 pies

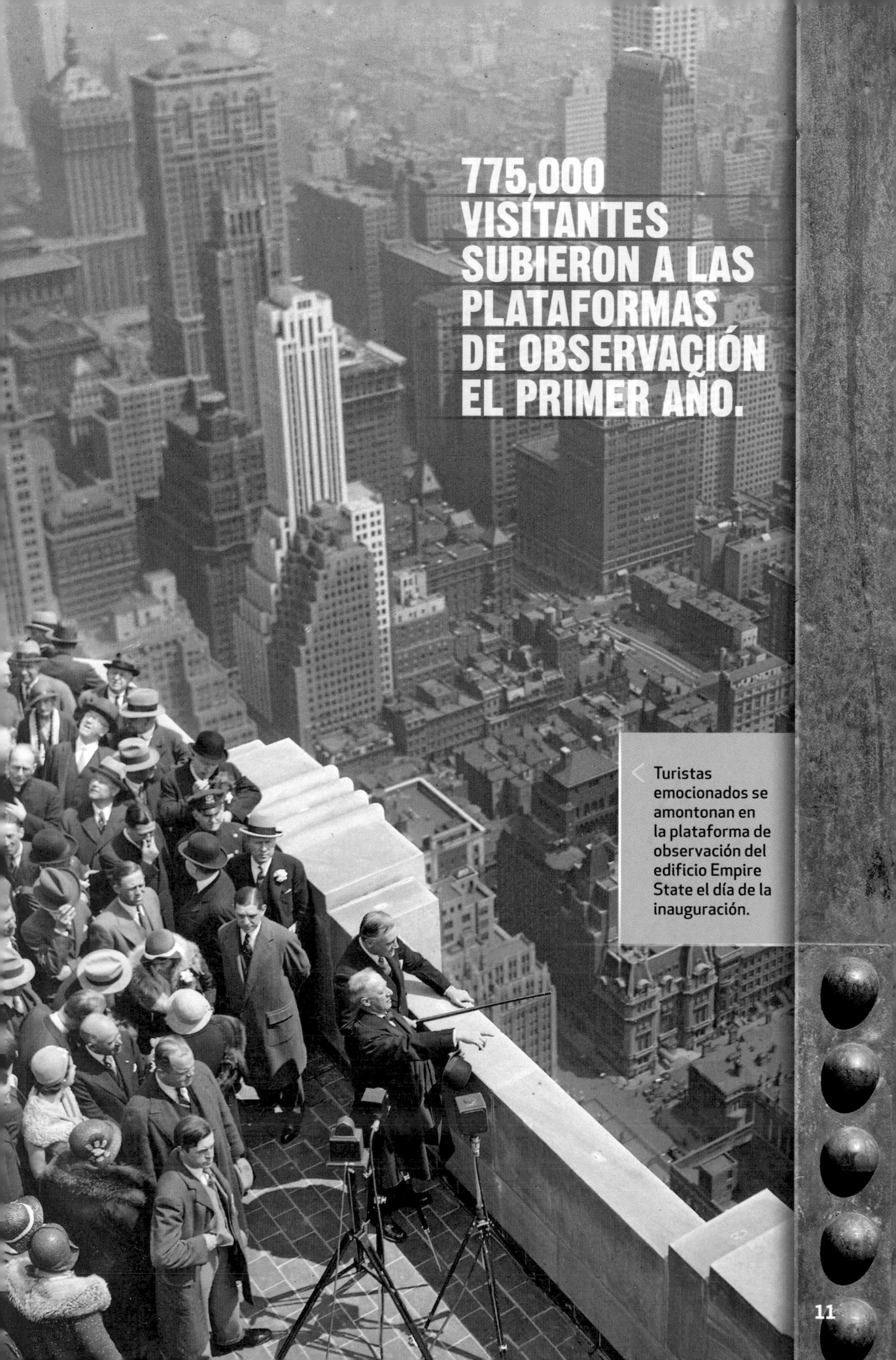

775,000 VISITANTES SUBIERON A LAS PLATAFORMAS DE OBSERVACIÓN EL PRIMER AÑO.

Turistas emocionados se amontonan en la plataforma de observación del edificio Empire State el día de la inauguración.

EN BUEN ESTADO

El edificio Empire State es uno de los sitios más famosos de Nueva York. Un equipo de personas se asegura de que el importante hito se mantenga limpio y en buen estado de funcionamiento. Los ascensores deben funcionar bien, el pasillo de entrada y los 102 pisos deben brillar, y todas las ventanas del edificio deben limpiarse bien.

¿Te imaginas si intentaras mantener limpias más de 6,500 ventanas del edificio Empire State? Es una enorme tarea que nunca termina. Todos los días, los trabajadores se suspenden de las paredes exteriores y limpian las ventanas. Según un limpiador de ventanas experimentado, a tres trabajadores les toma cuatro meses limpiar todas las ventanas. Una vez que terminan, es hora de comenzar de nuevo. Cuatro meses puede parecer mucho tiempo, pero solo imagina cómo sería si una sola persona tuviera que limpiar todas esas ventanas. ¡A ese limpiador de ventanas le tomaría todo un año terminar!

Este trabajador está sobre la torre del edificio Empire State. Está cambiando una bombilla en el faro de la torre. La luz brilla para marcar la cima del edificio, de manera que los pilotos de aviones puedan evitarla.

EL EDIFICIO EMPIRE STATE EN NÚMEROS

- **60,000** TONELADAS DE ACERO

- **200,000** PIES CÚBICOS DE PIEDRA CALIZA Y GRANITO

- **10** MILLONES DE LADRILLOS

- **730** TONELADAS DE ALUMINIO Y ACERO INOXIDABLE

- **MÁS DE 6,500** VENTANAS

Los limpiadores de ventanas se conocían como "gorriones". Se los llamaba así por la manera en la que se posaban sobre los marcos de las ventanas. Solo se sostenían con los dedos de los pies y un cinturón de seguridad de cuero.

Compruébalo ¿Cómo ayudó la construcción del edificio Empire State a las personas que vivían en Nueva York durante la Gran Depresión?

¡HACIA ARRIBA!

por Elizabeth Massie

El edificio de diez pisos de Home Insurance, en Chicago, según los estándares actuales, no era muy alto. Pero cuando se construyó, en el año 1885, era el primer rascacielos del mundo. Inspirados en su altura, los constructores comenzaron a construir edificios cada vez más altos. ¿Por qué podían construir edificios más altos? Una razón importante fue el desarrollo de ascensores mejores y más seguros. Poca gente podía subir hasta la cima de un rascacielos por las escaleras.

A mediados del siglo XIX, en las fábricas se usaban ascensores simples para trasladar bienes de un piso a otro, pero no se subía gente. Los cables, o cuerdas de metal, que elevaban y descendían un ascensor podían romperse, y el ascensor podía desplomarse. Por esa razón, las personas temían subirse a los ascensores.

En el año 1852, Elisha Otis cambió todo. Inventó un freno para evitar que un ascensor se cayera si se rompía su cable. Otis demostró su freno en una **exposición**, o espectáculo público, en el año 1854. Se paró dentro de uno de sus ascensores. Otro hombre cortó el cable del ascensor con un hacha. El ascensor sólo cayó unas cuantas pulgadas antes de que el freno lo detuviera. El freno de Otis fue el origen de los ascensores más seguros a los que la gente no temía subirse. Eso significaba que los edificios podían ser más altos que nunca, ya que nadie tenía que subir por las escaleras. El edificio Empire State (1931) llegó a tener 102 pisos.

∧ La compañía de Elisha Otis instaló los ascensores en el edificio Empire State.

Este majestuoso ascensor está en el hotel Essex House, en Nueva York.

THIS CAR AVAILABLE

LOBBY

A

No Smoking

DESDE EL SUELO
HACIA ARRIBA

Había un problema cuando Otis y su equipo planificaban los ascensores para el edificio Empire State. Podía tomar mucho tiempo llegar en ascensor desde la planta baja hasta el piso 102. Podía tomar incluso más tiempo si los pasajeros se subían y se bajaban en muchos pisos. El equipo resolvió el problema dividiendo los 68 ascensores de pasajeros **en bancos**, o grupos. Cada banco conectaba diferentes pisos. Los ascensores del grupo A iban hasta el 7.o piso. Los ascensores del grupo B iban del 7.o piso al 18.o piso. Para llegar a algunos pisos, se debía cambiar de ascensor.

Un motor como este hace subir y bajar el ascensor con cables, o cuerdas de metal.

CÓMO FUNCIONAN LOS ASCENSORES

La imagen de abajo muestra cómo la mayoría de los ascensores funcionan mediante una polea. Los cables de metal resistentes que están adheridos al ascensor rodean una rueda de polea. Un motor hace girar la rueda para hacer subir y bajar el ascensor. Un contrapeso en el otro extremo de los cables ayuda a que el ascensor suba o baje.

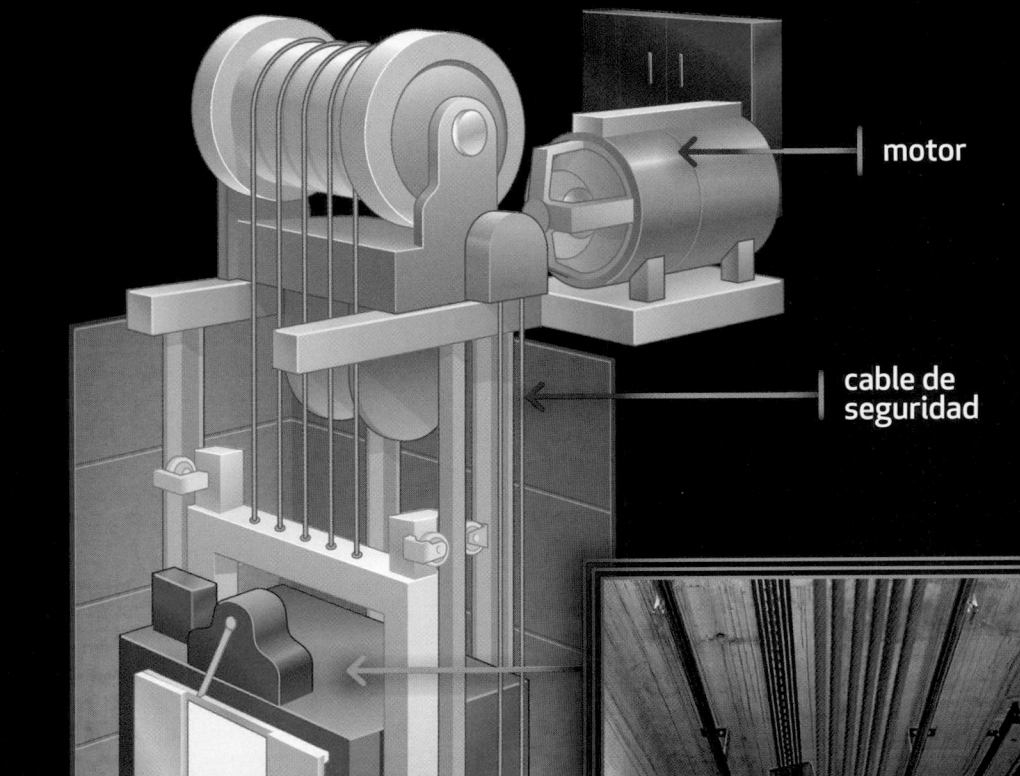

motor

cable de seguridad

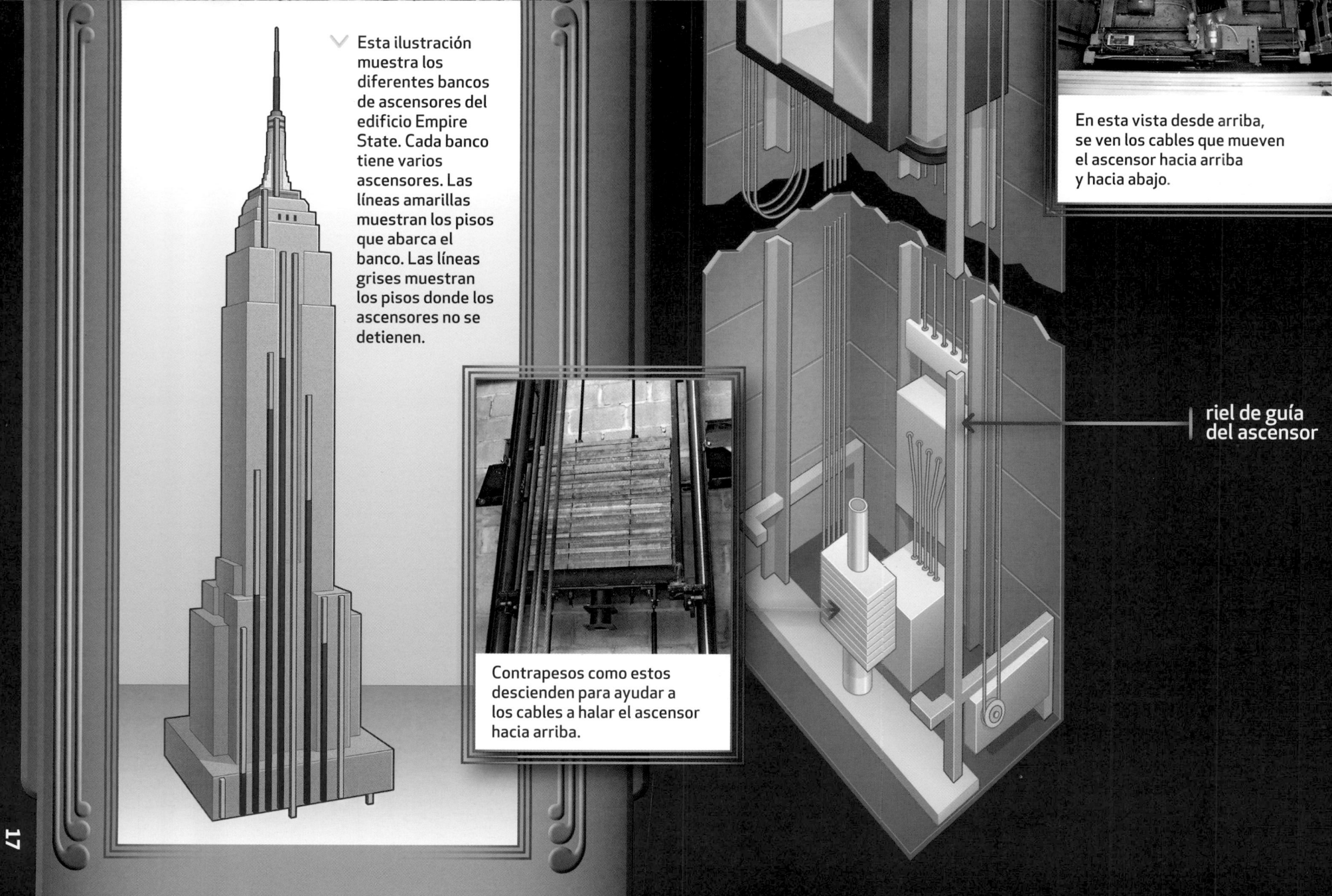

Esta ilustración muestra los diferentes bancos de ascensores del edificio Empire State. Cada banco tiene varios ascensores. Las líneas amarillas muestran los pisos que abarca el banco. Las líneas grises muestran los pisos donde los ascensores no se detienen.

En esta vista desde arriba, se ven los cables que mueven el ascensor hacia arriba y hacia abajo.

riel de guía del ascensor

Contrapesos como estos descienden para ayudar a los cables a halar el ascensor hacia arriba.

Ascensores del siglo XXI

En la actualidad, las personas se suben a ascensores hasta la cima del edificio Empire State para ver una panorámica de Nueva York. Las nuevas tecnologías han permitido con los años que los viejos ascensores se actualicen. Los ascensores modernos son más rápidos, seguros y cómodos.

Las nuevas tecnologías se han usado en los ascensores en todo el mundo. El ascensor de barcos de las Tres Gargantas, en China, eleva barcos que pesan hasta 3,000 toneladas. Los lleva sobre la represa de las Tres Gargantas para que puedan continuar su camino río arriba o abajo por el río Yangzi. El ascensor más rápido del mundo es el del Taipei 101 en Taiwán. Se desplaza a 3,313 pies por minuto. El primer ascensor de Otis solo iba a 40 pies por minuto. La torre CN en Toronto, Canadá, tiene un ascensor con paneles de vidrio en el piso. Desde la cima, los pasajeros pueden mirar 1,136 pies hacia abajo. Esa es la altura aproximada de siete Estatuas de la Libertad y media apiladas una sobre otra.

Los ascensores han cambiado mucho con los años. ¡Imagina lo diferentes que serán dentro de 100 años!

Los carros de esta fábrica alemana se guardan en estructuras de vidrio altas. Los trabajadores usan ascensores para poner los carros en su lugar y luego sacarlos.

Una escalera de vidrio envuelve parte de un ascensor de vidrio en esta tienda de Nueva York.

Compruébalo ¿Por qué las personas temían subirse a los ascensores? ¿Qué hizo Elisha Otis para que los ascensores fueran más seguros?

En la cima del

por Debbie Nevins

BIENVENIDO al piso 86 del edificio Empire State. Esta es la **plataforma de observación** principal. Desde el interior de esta habitación vidriada se puede ver todo, o salir a la pasarela que envuelve todo el edificio. Así, se puede mirar en todas las direcciones.

Estás en el corazón de la isla de Manhattan, la más famosa de las cinco secciones de Nueva York. Desde aquí arriba se pueden ver muchos sitios de interés con los **binoculares**. A veces incluso se pueden ver otros estados. En un día despejado, se puede ver Nueva Jersey, Connecticut, Massachusetts y Pensilvania.

Después, podemos subir a la plataforma del piso 102. Estaremos a casi un cuarto de milla en el cielo. Desde allí, se puede ver incluso más lejos. Hay 103 pisos en el edificio Empire State. El piso 103, casi en la cima de la torre, está lleno de equipos de radio y televisión. No se permiten visitantes.

MUNDO

> ︿ Esta es la pasarela al aire libre en el piso 86 del edificio Empire State. Desde aquí los visitantes pueden tomar fotos de la ciudad.

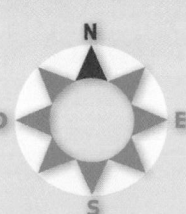

RÍO HUDSON

EL PARQUE CENTRAL es un bello lugar para escapar del ruido de la ciudad. Tiene más de 150 años y fue el primer parque público de los Estados Unidos. El parque tiene 843 acres de caminos, prados, estanques y bosques. Tiene zonas de recreación, pistas de patinaje y piscinas de natación. También tiene un carrusel, un castillo e incluso un zoológico. Y todo está en el medio de Nueva York.

EL RÍO EAST separa la isla de Manhattan de Brooklyn y Queens, que son parte de Nueva York. Siete puentes para carros y un puente ferroviario cruzan el río. Trece túneles de carros, subterráneos y ferroviarios pasan bajo el río.

PUENTE QUEENSBORO

Manhattan se encuentra entre el río Hudson al oeste y el río East al este. Un puente que cruza el río East es el puente Queensboro, que va de la isla de Manhattan a Queens. Estos ríos tuvieron un papel importante en hacer que Nueva York se convirtiera en una ciudad importante. Antes de que existieran los aviones y los camiones, las mercancías de todo el mundo se transportaban en barco por estos ríos. Nueva York era el centro de la compra y la venta de mercancía en la Costa Este.

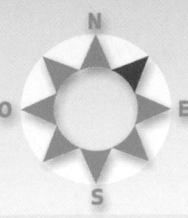

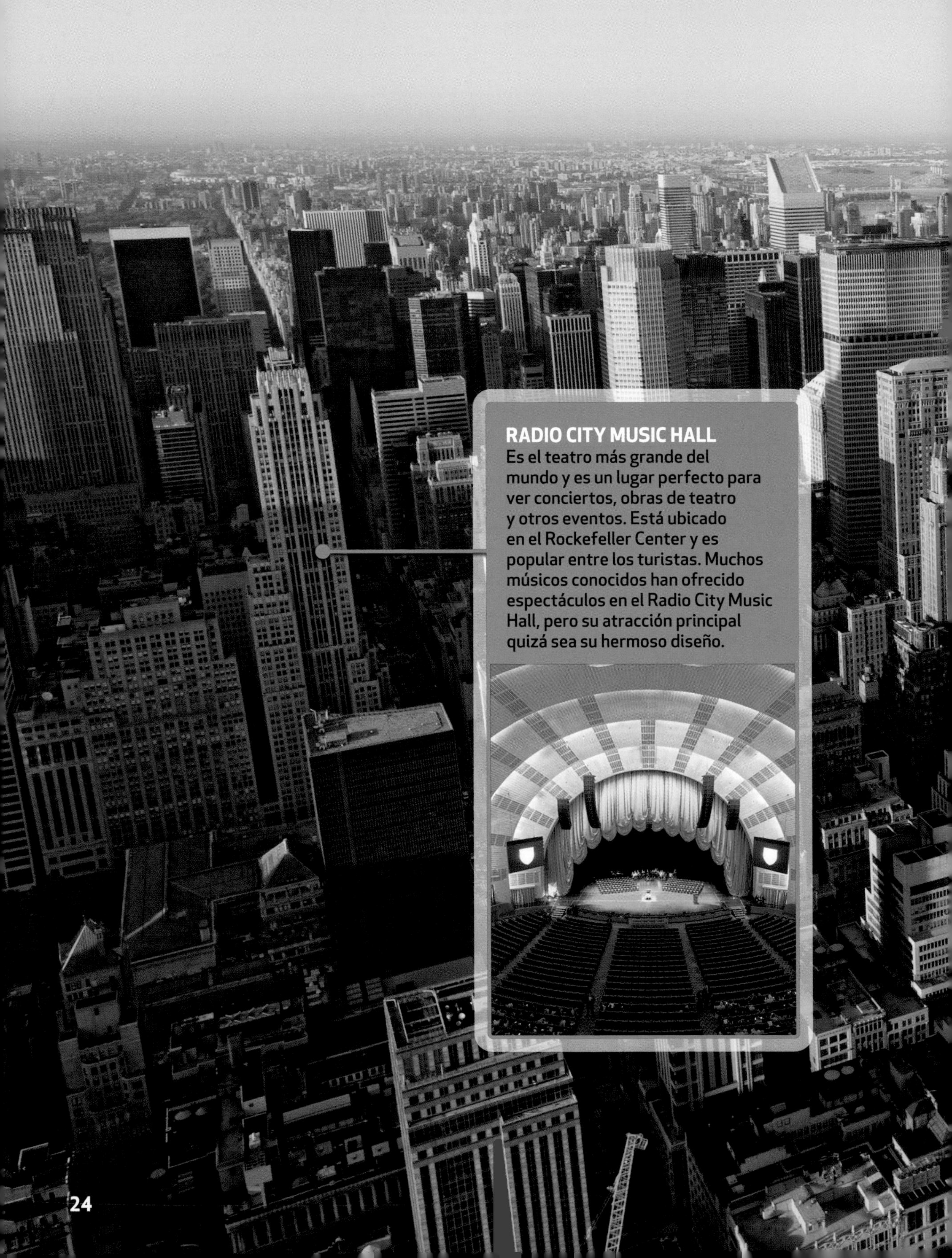

RADIO CITY MUSIC HALL

Es el teatro más grande del mundo y es un lugar perfecto para ver conciertos, obras de teatro y otros eventos. Está ubicado en el Rockefeller Center y es popular entre los turistas. Muchos músicos conocidos han ofrecido espectáculos en el Radio City Music Hall, pero su atracción principal quizá sea su hermoso diseño.

LA ESTACIÓN GRAND CENTRAL
es majestuosa en tamaño y belleza. Los trenes han pasado por aquí durante 100 años. Ya no es la estación de trenes más concurrida de los Estados Unidos, pero aún es la más grande. Hay más plataformas de trenes en la Estación Grand Central que en cualquier otra estación de trenes de la Tierra.

EDIFICIO DE LAS NACIONES UNIDAS

ISLA ROOSEVELT

RÍO EAST

EL EDIFICIO CHRYSLER es uno de los edificios más conocidos del paisaje urbano de Nueva York. Arcos brillantes decoran la cima del edificio. Construido en el año 1930, es un ejemplo perfecto del estilo art deco que era popular en esa época. En el estilo art deco se usan líneas que fluyen suavemente, ángulos pronunciados y ornamentos como los triángulos y el papel tapiz.

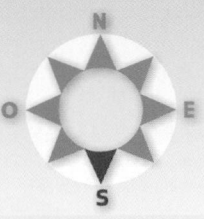

EL EDIFICIO FLATIRON ha sido protagonista de muchas pinturas, dibujos y fotografías desde que se construyó en el año 1902. ¿Por qué tiene esa forma? Debía caber en una cuña de tierra en la Quinta Avenida y Broadway. Este edificio de 22 pisos mide solo unos seis pies de ancho en su punto más angosto.

BROADWAY

QUINTA AVENIDA

Gracias por visitar hoy el edificio Empire State. ¿Sabías que el gobierno convirtió al edificio Empire State en Hito Histórico Nacional? Eso significa que es uno de los sitios de interés más importantes de los Estados Unidos. De hecho, es una maravilla estadounidense.

ESTATUA DE LA LIBERTAD Una pequeña isla en el puerto de Nueva York es el hogar de la Estatua de la Libertad. La estatua, conocida como la "Dama de la Libertad", es un sitio de bienvenida a los barcos que llegan. El nombre real de la estatua es "La libertad iluminando el mundo". Fue un obsequio de Francia en el año 1886. Los turistas tienen una magnífica vista desde la plataforma de observación en su corona.

ONE WORLD TRADE CENTER, O TORRE DE LA LIBERTAD
Terminado en el año 2013, el One World Trade Center se eleva donde antiguamente se encontraba el World Trade Center, o "Torres Gemelas". Las torres gemelas eran los edificios más altos de Nueva York hasta que fueron destruidas en un ataque terrorista el 11 de septiembre de 2001. El One World Trade Center, también llamado Torre de la Libertad, se eleva 1,776 pies. Con esa altura, es el edificio más alto de los Estados Unidos. Fue precisamente en el año 1776 que los Estados Unidos declararon su independencia.

Compruébalo Describe algunas de las vistas famosas que pueden verse desde la plataforma de observación.

El Empire State va a

por Debbie Nevins

THIS HOLIDAY, DISCOVER YOUR INNER ELF.

elf

▲ El actor Will Ferrell personificó a Buddy, el elfo.

¡EL EDIFICIO EMPIRE STATE ES UNA ESTRELLA DE CINE! APARECIÓ EN MÁS DE 250 PELÍCULAS DE TODAS LAS ÉPOCAS. AQUÍ HAY UNAS CUANTAS QUE QUIZÁ HAYAS VISTO.

En *Percy Jackson y el ladrón del rayo* (2010), Percy Jackson es un adolescente que descubre que es hijo de un dios griego. En la cima del Edificio Empire State, Percy conoce a Zeus, el rey de los dioses griegos. Zeus acusa al niño de robarle su rayo. Percy emprende una **búsqueda** para limpiar su nombre, y su búsqueda lo lleva a las tierras de otros dioses griegos. Al final de la película se encuentra de nuevo en la cima del Edificio Empire State.

En *Elf* (2003), Buddy, el elfo viaja a Nueva York para buscar a su padre. Cuando lo encuentra, lo acompaña a su oficina en el edificio Empire State. Buddy se queda impresionado por los cielos altos y el gran mural del pasillo de entrada.

Hollywood

En junio de 2012, el edificio Empire State se iluminó de rojo y azul para elogiar la película *El asombroso Hombre Araña*. Se eligió el rojo y el azul porque son los colores del traje del Hombre Araña. La película se ambienta en Nueva York, y los espectadores pueden divisar el edificio Empire State cuando el Hombre Araña se columpia a través de la ciudad.

∧ Logan Lerman interpretó a Percy Jackson en la película del año 2010, *Percy Jackson y el ladrón del rayo*.

La escena más famosa con el edificio Empire State se encuentra en la película *King Kong*. Esta escena ayudó a convertir al edificio en un símbolo de Nueva York y los Estados Unidos.

Un grupo de personas encuentra a King Kong, un gorila enorme, en una isla remota. Lo capturan y lo llevan a Nueva York. Lo encadenan y lo **exhiben**, o lo muestran al público en el centro de Manhattan. Pero King Kong se libera y trepa hasta la cima del edificio Empire State.

La película se estrenó en el año 1933, dos años después de que se terminara la construcción del edificio. Fue un gran éxito. *King Kong* aún es famoso. La película se hizo de nuevo en el año 1976 y otra vez en el año 2005. La película *Parque jurásico* (1993) incluso copia algunas ideas de *King Kong*. King Kong apareció en avisos publicitarios televisivos de refrescos y pilas. Y el simio del vídeojuego Donkey Kong se parece un poco a King Kong.

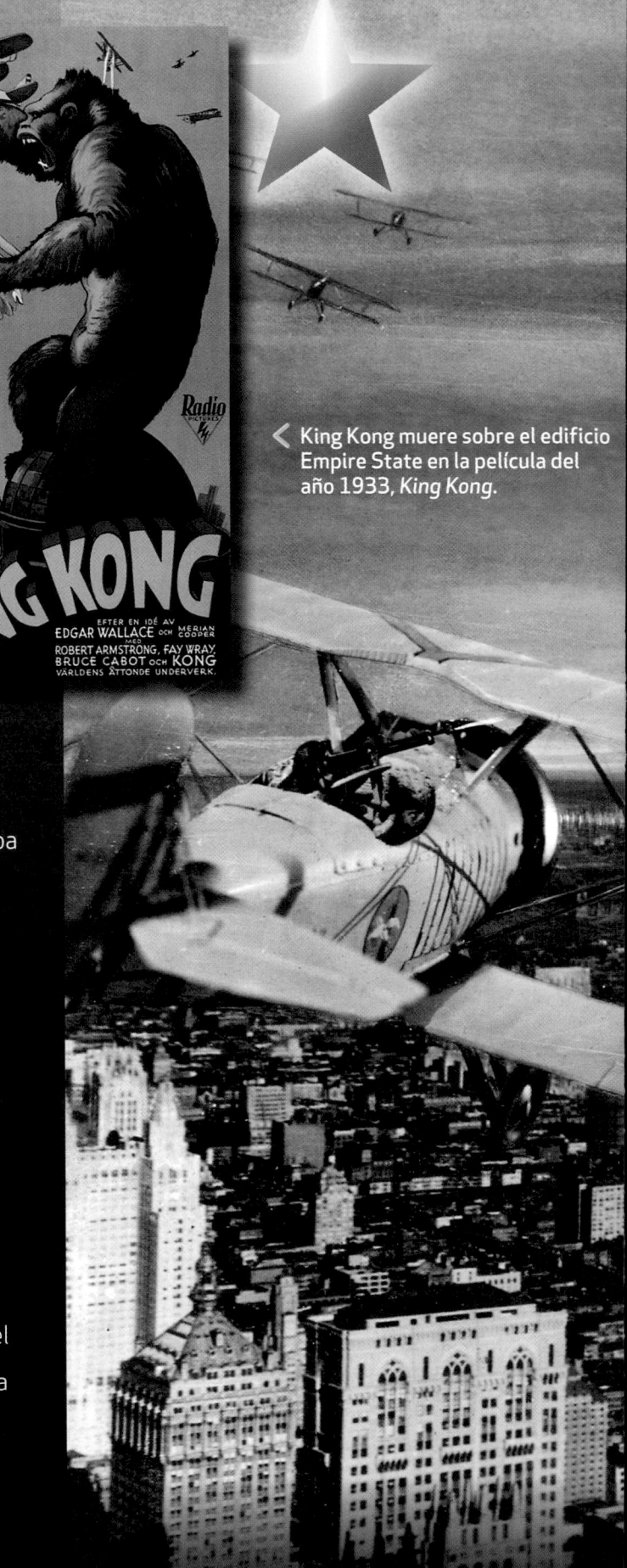

King Kong muere sobre el edificio Empire State en la película del año 1933, *King Kong*.

Esta es una escena de *King Kong*. Observa con atención. ¿Qué le falta al edificio Empire State? La antena no se agregó hasta el año 1950.

Compruébalo ¿De qué manera puede un edificio ser un personaje de una película?

Comenta

1. ¿Qué conexiones puedes hacer entre los cuatro artículos de este libro? ¿Cómo crees que se relacionan los artículos?

2. ¿Cómo habría sido estar de pie sobre la acera en Nueva York en el año 1930 y observar cómo los trabajadores construían el edificio Empire State? Basándote en las descripciones de los artículos, ¿cómo te sentirías si estuvieras viendo esto?

3. ¿Cómo han cambiado los ascensores la manera en la que se vive y se hace negocios?

4. El edificio Empire State ya no es el rascacielos más alto del mundo. ¿Crees que aún es muy popular entre los visitantes de Nueva York?

5. ¿Qué más te gustaría saber sobre el edificio Empire State? ¿Qué harías para saber más?

NATIONAL GEOGRAPHIC

¡DESAFÍO EXTREMO!

EDICIÓN PATHFINDER

Por J. J. Kelley y Greta Gilbert

CONTENIDO

Remando a Seattle

Recorrieron a pie 3500 kilómetros por el sendero de los Apalaches. Recorrieron en bicicleta 2000 kilómetros hasta el océano Ártico. Ahora, dos amigos se enfrentaban al desafío más difícil hasta ahora. ¿Podrían navegar en kayak desde Alaska a Seattle?

Por J. J. Kelley

OCÉANO PACÍFICO

Archipiélago Alexander

ALASKA

Skagway

RUTA DE VIAJE

ESTADOS UNIDOS
CANADÁ

Pasaje Stephens

Isla Deadman

río Oona

Montañas Costeras

Vancouver Deadman

Nanaimo

ESTADOS UNIDOS

WASHINGTON

Seattle · 3

Josh Thomas y yo estamos parados en una playa fría y ventosa de Alaska. Estamos a punto de iniciar el viaje de nuestras vidas. Nos subimos a kayaks marinos de madera. Nuestro objetivo: remar 2100 kilómetros (1300 millas) hasta Seattle. Nos llevará tres meses, si todo va bien.

Pasamos un año planificando el viaje. Josh construyó los kayaks. Practicamos remo. ¡Incluso dimos vuelta nuestros kayaks en agua helada, con nosotros adentro! Sabíamos que las aguas turbulentas nos podrían hacer volcar. Teníamos que saber cómo enderezarnos de nuevo. Eso podía salvarnos la vida.

También reunimos equipos. Necesitábamos una carpa, bolsas de dormir y mapas. Empacamos cámaras. Llevamos un diario para escribir en él todos los días. Queríamos llevar un registro de todo lo que pasaba.

Preparándose

Finalmente, elegimos nuestra ruta (ver mapa, pág. 3). No podíamos remar en el océano Pacífico. El agua es demasiado turbulenta. Una tormenta furiosa en el mar puede levantar olas tan altas como un edificio. Eso podría hundir nuestros botes y estrellarnos contra las rocas.

Escogimos seguir el Pasaje Interior. Esta ruta acuática y salvaje serpentea entre las islas a lo largo de la costa del Pacífico Noroeste.

El extremo norte se inicia en el **archipiélago** Alexander de Alaska. Este laberinto de islas montañosas se encuentra entre el océano Pacífico y el **continente**. Las islas actúan como un amortiguador o pared. Cuando el agua de mar fluye a su alrededor, el terreno bloquea y aminora las olas fuertes y las **mareas**. También bloquea los fuertes vientos oceánicos.

Eso significa que el agua es más tranquila en el pasaje, incluso durante las tormentas fuertes. En lugar de olas del tamaño de una casa, una tormenta aquí podría causar olas de un metro de altura. ¡Seattle, allá vamos!

Josh tardó dos meses en construir los kayaks. Aquí, encola la cubierta de un kayak.

Una semana antes de nuestro viaje, probamos nuestros kayaks. Estamos en el Glaciar del Oso en Seward, Alaska. ¡El agua está helada!

Semana 1: saliendo de Skagway, Alaska

¡*Bam!* Una ola golpea la cubierta de mi kayak. Entorno los ojos para protegerlos de la lluvia. Los vientos aúllan. Remo hacia adelante. Los vientos me empujan hacia atrás. ¡*Pum!* Me golpea una segunda ola. Casi me doy vuelta. A Josh le duelen las muñecas por el remo. Siento que no podré ir mucho más lejos. ¡Qué primer día!

En nuestro segundo día, nos despertamos con lluvia y fuertes vientos. Es demasiado peligroso para remar. Nos acurrucamos en nuestra carpa a la espera de un mejor clima. Hemos acampado en una playa dura y rocosa. Estamos mojados, con frío y cansados.

Pronto aprendemos que los vientos son más suaves cerca de la madrugada. Entonces es más fácil remar. Algunos días comenzamos a las 5 de la mañana. Sin embargo, al final de la semana habíamos avanzado solo 113 kilómetros (70 millas). Nuestro objetivo es de 168 kilómetros (105 millas) por semana. ¡A este ritmo, nos tomará más de cuatro meses llegar a Seattle! Tal vez este viaje no sea tan buena idea.

En la cuarta noche, Josh hace campamento en el bosque de Alaska. Aquí, los abetos Sitka pueden crecer hasta 95 metros (312 pies) de altura.

Semana 2: Pasaje Stephens, Alaska

Un pequeño grupo de ballenas jorobadas rodea nuestros kayaks. Una viene en busca de aire. Lanza agua alto hacia el cielo. ¡Ay! El agua huele a pescado podrido.

En verano, estas ballenas emigran a Alaska. Algunas llegan a nadar 8000 kilómetros (5000 millas) solo para llegar aquí. Las ballenas vienen en parte por la comida. Hay muchísimo plancton, pequeños peces y crustáceos denominados krill. Cada ballena come una tonelada de alimentos por día. Acumula grasa, o gordura. Vivirá de su grasa en el invierno.

Una ballena se lanza debajo mío. Me siento indefenso. Es tres veces más larga que mi kayak. ¡Podría hacer volar mi kayak como si fuera un palito! Burbujas de aire suben a mi alrededor. Golpeo el kayak. ¿Mantendrá el sonido alejada a la ballena? *¡Uf!* Funciona.

Semana 4: Isla Deadman, Alaska

¡Sorpresa! Está lloviendo por cuarta semana consecutiva. Hemos estado remando por uno de los pocos **bosques pluviales templados** de la Tierra. Realmente no supuse que un bosque pluvial sería *tan* lluvioso.

Igual que las selvas tropicales, estos lugares son muy húmedos. Sopla el aire húmedo del océano Pacífico. Las cadenas montañosas cercanas atrapan la humedad a lo largo de la costa. El agua se condensa. Llueve. Una niebla húmeda lo cubre todo. ¡Algunos bosques pluviales templados reciben 510 centímetros (200 pulgadas) de lluvia por año!

El aire aquí es más frío que en una selva tropical. Diferentes plantas y animales viven aquí también. Vemos abetos y osos, no lianas y monos como en la selva.

En un kayak, no hay lugar para protegerse de la lluvia. Mis dedos se arrugan como pasas. Mis manos se sienten ásperas. En mi saco de dormir crece el moho. Entonces, al día veinticuatro, un milagro: ¡Deja de llover! Nos secamos.

En nuestro viaje vemos muchas ballenas jorobadas. Un cetáceo como ese podría volcar nuestros kayaks.

El Pasaje Interior serpentea en Canadá por un camino estrecho entre montañas escarpadas.

Semana 6: ¡Oh, Canadá!

¡Viva! ¡Acabamos de entrar remando a Canadá! Parte de la frontera entre los Estados Unidos y Canadá se extiende hacia el océano. Una noticia aún más importante: ¡Ya recorrimos más de un tercio del camino a Seattle!

A esta altura, ya tenemos establecida nuestra rutina: Despertarnos. Desayunar. Desarmar la tienda. Empacar. Remar. Almorzar. Remar. Desempacar. Armar la carpa. Cenar. Dormir.

Remamos unas ocho horas por día. Mis manos están ásperas y callosas. La mente se me queda en blanco mientras remo, una y otra vez, hora tras hora. Parece interminable. Los músculos me duelen. Incluso me duelen los que no uso mucho.

Comemos abundantemente para tener la energía que necesitamos para remar. Para añadir calorías, ponemos mantequilla en todo: el arroz, el guiso de pescado, la pasta. Incluso la probé en mi café. No me gustó.

Por la noche, transportamos nuestro equipo lejos de la costa para acampar. La marea puede alcanzar los seis metros (veinte pies). No queremos despertarnos mojados.

La marea cambiante a lo largo de la costa del bosque pluvial deja detrás brillantes estrellas de mar y algas.

Semana 7: Río Oona, Canadá

Malas noticias. Nos detenemos para pasar la noche en un pequeño pueblo llamado Río Oona. Un hombre que encontramos allí nos dice: "Llegan tarde. Están por llegar las tormentas de invierno". Nos dice que volvamos a intentarlo el año que viene.

¿Tendrá razón? Estamos a fines de agosto. El invierno puede parecer bastante distante. Sin embargo, todavía tenemos un largo camino por recorrer. En esta región tan al Norte, vemos señales de que la estación está cambiando. El Sol se pone más temprano cada día, de modo que tenemos menos horas de luz diurna para remar. Estamos entrando en una estación aún más lluviosa. También se pondrá más frío, ventoso, y —aunque parezca difícil de creer— más tormentoso. Después de todo esto, ¿qué pasa si no lo logramos? Me siento mal.

¿Saben una cosa? El mal tiempo nos retiene en Río Oona un día más. Los fuertes vientos arrancan árboles. Las palabras del hombre parecen estar haciéndose realidad. Tras dos meses de estar mojados y cansados, es difícil mantener la motivación. Sin embargo, nos negamos a rendirnos.

Semana 10: Isla de Vancouver, Canadá

Continúa nuestro dificultoso viaje. Un día el viento es tan fuerte que remamos menos de una milla por hora. Otro día avanzamos más que nunca: cincuenta y tres kilómetros (treinta y tres millas). Las mareas nos impulsan rápidamente.

Tenemos que remar por un trecho donde no hay islas que nos protejan. No hay nada entre nosotros y el mar abierto. Una tormenta ahora podría ser muy peligrosa.

Finalmente, algo de suerte. El mar está en calma. Llegamos sin problemas a la Isla de Vancouver, Canadá. Solo nos quedan 483 kilómetros (300 millas) por recorrer. Pronto, vamos a remar nuevamente en territorio de los Estados Unidos. ¡Tal vez tengamos éxito después de todo!

Semana 13: ¡Seattle!

Veo a Seattle en el horizonte. Un frío me recorre la columna. ¡Lo logramos! Estamos a principios de octubre. Nos enfrentamos con una última fuerte tormenta justo después de cruzar de nuevo hacia los Estados Unidos. Pero le ganamos al clima invernal.

Ahora la aventura terminó. No estoy seguro de si estoy contento o triste. Josh y yo nos plantemos un objetivo. No sabíamos si lo lograríamos. ¿Sería demasiado? ¿Saldríamos lastimados? ¿Seguiríamos siendo amigos después de un viaje tan duro? (¡Sí, lo somos!)

He visto y aprendido mucho durante este viaje. Sé cómo luce realmente un bosque pluvial: ¡mojado! Comprobé que realmente *puedo* remar aun cuando mis músculos gritan "basta". Me siento como si pudiera hacer cualquier cosa.

Ahora sólo queda una cosa por averiguar: ¿Dónde nos llevará nuestra próxima aventura?

Vocabulario

archipiélago: grupo de muchas islas

bosque pluvial templado: bosque con temperaturas frescas donde llueve al menos 152 centímetros (60 pulgadas) por año

continente: gran masa principal de tierra firme de un país, sin incluir las islas

marea: ascenso y descenso constante de la superficie del océano más o menos cada doce horas

En un raro día soleado. Estoy remando a lo largo del Pasaje Interior cerca de Nanaimo, Canadá. Las olas y el viento han erosionado la tierra, creando estos espectaculares acantilados de piedra arenisca.

Vemos nuestras primeras orcas cerca de la Isla de Vancouver. Viajan en grupos de hasta treinta ballenas.

Wendy

Booker y las Siete Cumbres

Únete a una heroína de acción de la vida real mientras escala algunas de las montañas más altas del mundo.

Por Greta Gilbert

Imagina a una heroína de una historia de aventuras. Ella es fuerte y valiente, y está en una **aventura**. Está escalando una de las montañas más altas de la Tierra.

El viento ruge, atravesando sus cinco capas de ropa. Le duelen los huesos. Sus dedos están **entumecidos**. Silba solo para evitar que los labios se le congelen. Es la mitad del día, pero la temperatura es de menos cuarenta grados. "No está tan mal", piensa, y sigue escalando.

Te presentamos a la montañista Wendy Booker. Es la heroína real de una historia de aventuras. ¿Su aventura? Escalar la montaña más alta de cada continente. En conjunto, estas montañas son llamadas las **Siete Cumbres**.

Wendy Booker planea escalar el Monte Everest. Es la montaña más alta de la Tierra.

Las Siete Cumbres

La aventura de Booker empezó en Alaska. Quería escalar el monte McKinley, la montaña más alta de Norteamérica. Le llevó dos transpirados intentos abrirse camino hacia la cima. Cuando finalmente lo logró, se preguntó: "¿Y ahora qué hago?"

Tomó una decisión audaz: escalar las Siete Cumbres completas. Booker pronto se dirigió al África. Allí acometió el Kilimanjaro, una de las montañas más famosas de la Tierra.

Cada día en el Kilimanjaro era diferente, afirma Booker. Un día vio vides sobre las cuales podría desplazarse Tarzán. Otro día vio árboles que podría haber dibujado el Dr. Seuss. "Los llamé caniches sobre palos", dice. Le encantaba ver algo nuevo cada día.

Un año más tarde, Booker escaló el Monte Elbrus, en Europa. Un año después de eso, escaló el Aconcagua, en América del Sur.

Luego escaló el Macizo Vinson, en la Antártida. Vinson fue difícil. Booker tuvo que abrirse camino a través de nieve espesa. Utilizó un tipo especial de hacha para escalar en el hielo.

Luego hubo una tormenta de nieve. Booker no podía ver nada en absoluto. Ella y su guía utilizaron las manos para encontrar el camino de regreso al campamento. Allí esperaron que el clima mejorara. Luego lo intentaron de nuevo.

Sin embargo, Vinson ha sido su ascenso favorito hasta ahora. Mientras escalaba se dio cuenta de que "estaba en el lugar exacto donde deseaba estar".

Por último, Booker escaló el Monte Kosciuszko, en Australia. Fue su sexta cumbre. Solo le faltaba una.

El enemigo invisible

Un héroe de una historia de aventuras generalmente tiene algún tipo de enemigo. Booker también lo tiene. Es la esclerosis múltiple (EM), una enfermedad grave.

La EM ataca las células nerviosas del cerebro y la médula espinal. Estas células envían mensajes a través del cuerpo. Los daños causados por la EM hacen que los nervios no puedan hacer su trabajo correctamente.

La EM puede hacer que la gente se maree. Puede hacer que los músculos sean difíciles de controlar. O, como en el caso de Booker, puede hacer que partes del cuerpo queden completamente entumecidos. Sin embargo, Booker no deja que eso la detenga. Con su enfermedad, sigue escalando.

Ayuda de amigos

Todo héroe se desanima. Cuando eso le sucede a Booker, piensa en los alumnos y ex alumnos de Jim Cleere en Massachusetts. Los chicos de la escuela K-8 Donald McKay de la zona este de Boston la han estado alentando desde hace muchos años.

Antes de cada ascenso, los alumnos le dan a Booker una bolsa de caramelos especiales. Cuando escala, ella lleva una foto de sus jóvenes admiradores en su mochila, junto con una bandera rosada firmada por todos ellos. En la cumbre, Booker come los caramelos y llama a los niños usando un teléfono satelital.

Booker visita a los niños cada vez que puede. Les cuenta sus aventuras y permite que los chicos inspeccionen su **equipo**. Cada año, lleva una clase a una montaña para que los chicos puedan aprender sobre la aventura del montañismo. Practican sostenerse en las rocas y tratan de encontrar los lugares correctos para sus pies.

¡Sigue escalando!

Pronto, Booker necesitará más caramelos. Eso es porque ella se enfrentará a la cumbre más alta de todas, el Monte Everest, en Asia. Si tiene éxito, será una de las pocas mujeres que han escalado las Siete Cumbres. Será la primera mujer con esclerosis múltiple en hacerlo.

Sin importar lo que suceda, Booker va a escalar. "Quiero inspirar a otros", dice. "Especialmente a los jóvenes. No deben ver los **obstáculos** como montañas en su camino".

Tú tal vez no escales montañas. Sin embargo, igual puedes ser el héroe de tu propia historia de aventuras. ¡Piensa en *tus* Siete Cumbres y cómo puedes escalarlas!

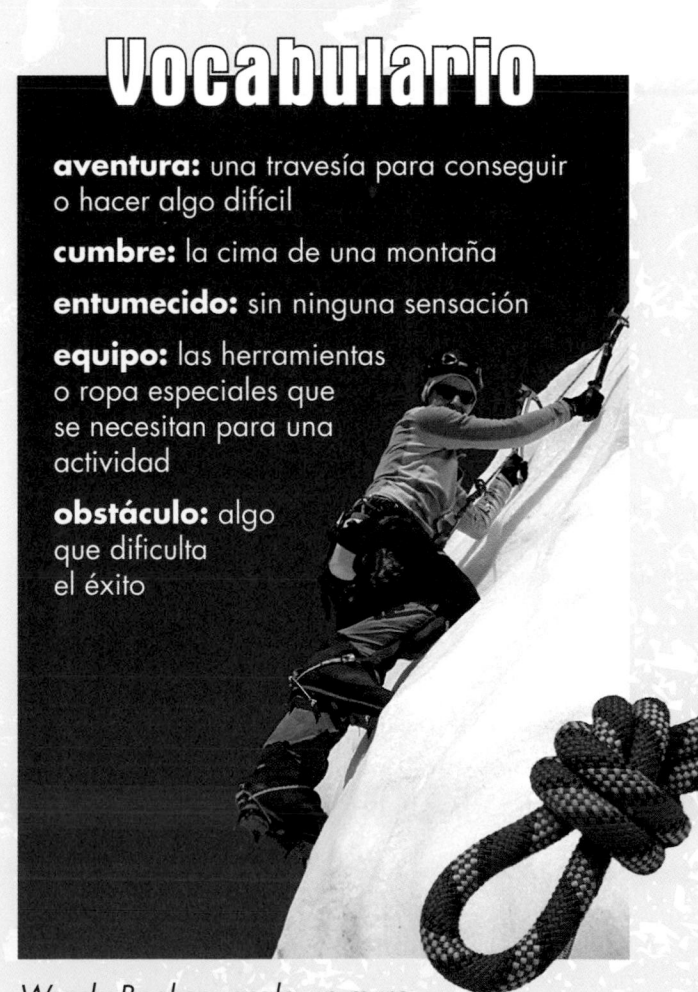

Vocabulario

aventura: una travesía para conseguir o hacer algo difícil

cumbre: la cima de una montaña

entumecido: sin ninguna sensación

equipo: las herramientas o ropa especiales que se necesitan para una actividad

obstáculo: algo que dificulta el éxito

Wendy Booker escala un muro de hielo en el Monte Rainier, Washington.

Diseña tu propio ¡DESAFÍO EXTREMO!

No necesitas viajar por el mundo para hacer frente a un desafío extremo. ¡Puedes hacerlo en tu propio vecindario! Todo lo que necesitas es un objetivo difícil y un buen plan. Inténtalo. ¡Puedes hacerlo!

Paso 1: establece una meta ambiciosa. ¿Hay una colina cercana que deseas escalar? ¿Un camino en bicicleta o a pie que deseas explorar? Tal vez te gustaría llegar a la cima de un edificio especial. O quizás te gustaría cruzar cierto puente. Plantéate una meta que parezca un poco difícil.

Paso 2: busca un compañero adulto. Pídele a uno de tus padres, a un maestro o a un amigo adulto que te acompañe. Habla sobre tu objetivo. Decide la manera más segura de alcanzarlo.

Paso 3: haz un plan. Consigue un mapa de tu vecindario. Con tu socio, busca tu ruta. Luego decide cuánto tiempo te tomará lograr tu objetivo. Utiliza la siguiente tabla para ayudarte.

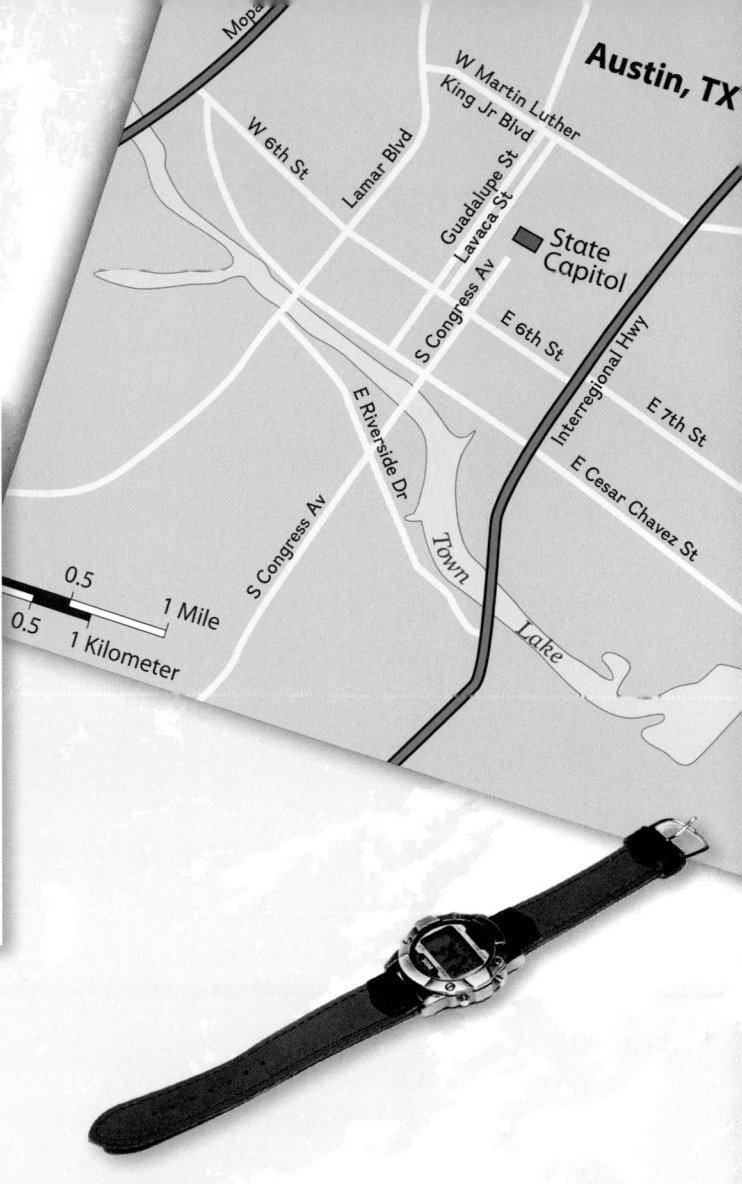

Austin, TX

¿Hasta dónde y por cuánto tiempo?

Distancia	Tiempo a pie	Tiempo en bicicleta
1 kilómetro (alrededor de 1/2 milla)	15 minutos	4 minutos
1 1/2 kilómetros (alrededor de 1 milla)	22 minutos	6 minutos
3 kilómetros (alrededor de 2 millas)	43 minutos	13 minutos

Paso 4: Prepárate. Prepárate para tu desafío. ¿Necesitarás algún equipo especial? ¿Necesitas practicar alguna habilidad especial? Asegúrate de llevar comida, y también agua en abundancia. Recuerda, cuanto más te prepares, más posibilidades tendrás de lograr tu objetivo.

Paso 5: enfrenta a tu desafío. ¡Ve por él! Tal vez haya partes del desafío que sean difíciles. Puedes pedirle ayuda a tu socio cuando la necesites. Cuando hayas alcanzado tu meta, celebra. ¡Lo lograste!

Paso 6: comparte tu experiencia. Cuéntales tu experiencia a tus amigos, familiares y maestros. Puedes escribir sobre ella en un diario o en línea. ¡No seas tímido! ¡Tu historia podría ayudar a otros a lograr sus propios objetivos!

ENFRENTA EL DESAFÍO

Ponte a prueba. Responde estas preguntas sobre cómo las personas logran sus objetivos.

1 ¿Qué objetivo tenían Josh Thomas y J. J. Kelley?

2 Nombra dos desafíos que enfrentaron los kayakistas. ¿Cómo enfrentaron esos desafíos?

3 ¿Qué obstáculos debe superar Wendy Booker cuando escala una montaña? ¿Por qué lo hace?

4 ¿Qué dos preguntas tienes acerca de las Siete Cumbres? ¿Dónde puedes buscar para encontrar las respuestas?

5 ¿En que son similares las personas de estos artículos? ¿En qué se diferencian?